DESTROZA ESTE DIARIO

CREAR ES DESTRUIR

AHORA A TODO COLOR

Y CON DESTROZOS IN ENGLISH

KERI SMITH

PAIDÓS

Título original: Wreck This Journal. Now in Color, de Keri Smith
Publicado originalmente en inglés por Penguin Books, un sello editorial de Penguin Publishing
Group, una división de Penguin Random House LLC

Traducción de Remedios Diéguez Diéguez

Arte y diseño de Keri Smith

Adaptación del diseño de la cubierta: Planeta Arte & Diseño

1.ª edición, septiembre de 2017
1.ª edición en esta presentación, junio de 2024
2.ª impresión en esta presentación, julio de 2024

ISBN: 978-84-493-4268-4
Fotocomposición: Anglofort, S. A.
Depósito legal: B. 10.125-2024
Impresión y encuadernación en Macrolibros

Impreso en España – Printed in Spain

PEFC Certificado

Este libro procede de
bosques gestionados
de forma sostenible

PEFC

PEFC/14-38-00305   www.pefc.es

WELCOME, DESTROZADOR

EN ESTA EDICIÓN ESPECIAL DE **DESTROZA ESTE DIARIO**
SE ESCONDEN ALGUNOS RETOS IN ENGLISH, ¿SERÁS
CAPAZ DE ENCONTRARLOS? NO TE CONFÍES... ESTÁN
REPARTIDOS POR TODO EL LIBRO, ¡TE APARECERÁN POR
SORPRESA CUANDO MENOS TE LO ESPERES!

Y, RECUERDA, SI NO ENTIENDES ALGUNO DE LOS RETOS
(O PROMPTS, EN INGLÉS), TENDRÁS UNA PEQUEÑA AYUDA
AL LADO CON LAS INSTRUCCIONES EN CASTELLANO. ADEMÁS,
COMO SIEMPRE HAY HUECO PARA APRENDER UN POCO MÁS,
EN LAS LAST PAGES DEL LIBRO ENCONTRARÁS "LOS VERBOS
DEL DESTROZADOR", UNA LISTA CON TODOS LOS VERBOS EN
INGLÉS QUE OCUPAN EL JOURNAL, ¡ASÍ PODRÁS HABLAR
COMO UN AUTÉNTICO WRECKER!

CUANDO HAYAS COMPLETED ALL THE PROMPTS, RECORTA LAS
MEDALLAS QUE ENCONTRARÁS AL FINAL DEL LIBRO Y SIÉNTETE
PROUD DE SER UN EXPERTO DESTROZADOR.
¡LÚCELAS CON ORGULLO, YOU DESERVE IT!

ENJOY AND NEVER STOP WRECKING THIS JOURNAL!

ADVERTENCIA: DURANTE EL PROCESO DE CREACIÓN, TE ENSUCIARÁS. ES POSIBLE QUE ACABES MANCHADO DE PINTURA Y OTRAS SUSTANCIAS, TE MOJARÁS, PUEDE QUE TE PREGUNTES POR QUÉ TE PIDO QUE HAGAS CIERTAS COSAS, Y QUE RECUERDES CON PENA EL PERFECTO ESTADO EN EL QUE ENCONTRASTE ESTE DIARIO. A LO MEJOR EMPIEZAS A VER DESTRUCCIÓN CREATIVA POR TODAS PARTES Y A VIVIR DE MANERA MÁS DESPREOCUPADA.

NOTA AL LECTOR:

AQUELLOS QUE YA HABÉIS HECHO DESTROZOS ENCONTRARÉIS ALGUNOS RETOS QUE CONOCÉIS, OTROS QUE OS SUENAN UN POCO Y OTROS TOTALMENTE NUEVOS. VUESTRA MISIÓN CONSISTE EN PRESTAR ATENCIÓN AL COLOR. ¿CÓMO INFLUYE EN VUESTRAS EXPERIENCIAS DESTROZADORAS EL HECHO DE PENSAR EN COLOR?

INTRODUCCIÓN

ES POSIBLE QUE TE ESTÉS PREGUNTANDO: ¿POR QUÉ ABRÁN INCLUIDO UNA INTRODUCCIÓN EN UN LIBRO PENSADO ARA SER DESTROZADO?

NO QUIERES LEER NADA EN TU DESTROZA ESTE DIARIO. O QUE QUIERES ES PONERTE MANOS A LA OBRA Y MPEZAR A DESTROZAR. POR ESO ESTÁS AQUÍ, ¿NO?

"NO ME ENTRETENGAS CON TU CHÁCHARA. HE VENIDO PONERME MANOS A LA OBRA."

SÍ, CLARO, PERO YO ESTOY AQUÍ PORQUE APENAS HEMOS HABLADO. Y QUIERO DECIRTE ALGUNAS COSAS. COSAS QUE JECESITO COMPARTIR CONTIGO. COSAS IMPORTANTES QUE DEBO COMPARTIR SOLO CONTIGO PORQUE TE ATAÑEN IRECTAMENTE. DICHO DE OTRO MODO, ESTA INTRODUCCIÓN RA INEVITABLE.

SI ESTÁS LEYENDO ESTO, SIGNIFICA QUE SE TRATA DE N MENSAJE ESPECIAL SOLO PARA TI, NO PARA CUALQUIERA. ODOS LOS LIBROS SON ASÍ: LLEGAN A TI EN EL MOMENTO XACTO EN QUE LOS NECESITAS, Y CASI SIEMPRE CUANDO ENOS LO ESPERAS. ¿CREES EN EL DESTINO? Y QUÉ ME DICES DE LA CASUALIDAD LITERARIA, E ESOS LIBROS QUE LLEGAN A TUS MANOS EN EL RECISO MOMENTO EN QUE LOS NECESITAS? A LO EJOR ESTE LIBRO ES UNO DE ELLOS. EN CUALQUIER ASO, SERÉ BREVE PARA QUE PUEDAS EMPEZAR CON O BUENO.

PUNTO IMPORTANTE Nº 1

HAN PASADO ALGUNOS AÑOS DESDE LA PUBLICACIÓN E DESTROZA ESTE DIARIO. EN ESTE TIEMPO HAN CURRIDO MUCHAS COSAS. TODAS LAS SEMANAS

RECIBO CARTAS DE PERSONAS QUE ME EXPLICAN HISTORIAS ASOMBROSAS SOBRE CÓMO ESTE LIBRO LES HA CAMBIADO LA VIDA. AL PRINCIPIO NO ME ESPERABA ESA REACCIÓN. OJALÁ PUDIESE DECIR LO CONTRARIO, PERO ES LA VERDAD. ESTE DIARIO SE HA CONVERTIDO EN ALGO MUY IMPORTANTE PARA MUCHAS PERSONAS QUE ATRAVIESAN MOMENTOS EXTREMADAMENTE DIFÍCILES. PUEDE QUE TAMBIÉN PARA PERSONAS QUE SIMPLEMENTE SE LIMITAN A VIVIR. PODRÍA ESCRIBIR LARGO Y TENDIDO SOBRE TODO LO QUE HA OCURRIDO CON ESTE LIBRO, PERO PUEDES COMPROBARLO CON TUS PROPIOS OJOS (BUSCA "DESTROZA ESTE DIARIO" O "WRECK THIS JOURNAL" EN GOOGLE). UNA IMAGEN VALE MÁS QUE MIL PALABRAS.

PUNTO IMPORTANTE Nº 2

ESTO DE DESTROZAR ES MUCHO MÁS IMPORTANTE DE LO QUE CREES. SI TE DEJAS LLEVAR, SIGNIFICARÁ MUCHO MÁS QUE SOLO DESTROZAR PÁGINAS DE UN LIBRO. ESTE LIBRO ES UN RESPIRO, UN REFUGIO, UN LUGAR SEGURO, UNA FUERZA DE LA NATURALEZA, UN RETO, UNA VOZ, UNA LIBERACIÓN, UNA VÁLVULA DE ESCAPE, UNA PRÁCTICA SOCIAL, UN AMIGO, UNA EXPERIENCIA FÍSICA, UN DESAFÍO, UN SECRETO, UNA HERRAMIENTA, UNA TERAPIA, UNA EXPLOSIÓN. CONFÍA EN MÍ. PUEDE CAMBIARTE LA VIDA. TIENE ALGO CASI MÍSTICO, Y ENTENDERÁS A QUÉ ME REFIERO NADA MÁS EMPEZAR.

PUNTO IMPORTANTE N° 3

¿SABES QUÉ PÁGINA DE DESTROZA ESTE DIARIO ES LA QUE MÁS ASUSTA A LA GENTE? A LO MEJOR A TI TAMBIÉN TE PASA. ES LA QUE INDICA "DESTROZA EL LOMO". A LA GENTE LE CUESTA MUCHÍSIMO. PERO ES PRECISAMENTE LA PÁGINA QUE MÁS TE ASUSTE LA QUE TIENES QUE CONQUISTAR EN PRIMER LUGAR PARA DEJAR ATRÁS TEMORES O TENDENCIAS PERFECCIONISTAS. DE VERDAD. BUSCA LA PÁGINA QUE MÁS TE ASUSTA.

PUNTO IMPORTANTE N° 4

¿POR QUÉ A TODO COLOR? LA RESPUESTA, SINCERAMENTE, ES QUE ME DA MIEDO EL COLOR. YA ESTÁ. YA LO HE DICHO. CREO QUE ME OCURRE DESDE HACE MUCHO TIEMPO. TODO MI TRABAJO CONSISTE EN ENFRENTARME A AQUELLO QUE ME HACE SENTIR INCÓMODA, PORQUE SIEMPRE NOS HAN ENSEÑADO A HACER LO CONTRARIO, A EVITAR LO INCÓMODO. Y LO CIERTO ES QUE LOS LUGARES QUE EVITAMOS SON AQUELLOS A LOS QUE DEBEMOS IR. ASÍ QUE ALLÁ VAMOS.

¿CÓMO SE TRABAJA CON EL COLOR, ESPECIALMENTE SI TE DA MIEDO? SIMPLEMENTE TE LANZAS, TE DEJAS LLEVAR Y JUEGAS CON ÉL.

NO TE OBSESIONES CON EL RESULTADO. NO TRATES DE HACER ALGO BONITO. LO BONITO ES UN POCO ABURRIDO. UTILIZA LA CASUALIDAD. CONECTA CON ESA PARTE DE TI QUE ES UN NERVIO, UN DESASTRE ÚNICO E IRREPETIBLE. DEJA QUE ESA PARTE DE TI SE APODERE DEL LIBRO. ESTÁS AQUÍ. EXISTES. DEJA HUELLA. ¡QUE SE *&^%! ¿LISTOS? ADELANTE.

1. Lleva este DIARIO contigo everywhere you go.

2. Follow las instrucciones de cada page.

3. No importa el order.

4. Las instrucciones están open to interpretation.

5. Experimenta. (work against lo que te dicte la razón.)

6. UTILIZA LAS PÁGINAS EN COLOR AT THE BACK DEL LIBRO PARA COMPLETAR SOME OF THE PROMPTS. CÓRTALAS EN TROCITOS.

materiales
materials

ideas
ideas
chicle
gum
pegamento
glue
suciedad
dirt
saliva
saliva
agua
water
agentes atmosféricos
weather
basura
garbage
vida vegetal
plant life
lápiz/bolígrafo
pencil/pen
aguja e hilo
needle & thread
cera
wax

olores
smells
manos
hands
cuerda
string
pelota
ball
imprevisibilidad
unpredictability
espontaneidad
spontaneity
fotos
photos
periódicos
newspaper
cosas blancas
white things
utensilios de oficina
office suppliess
objetos encontrados
found items

palos
sticks
té/café
tea/coffee
emociones
emotions
miedos
fears
zapatos
shoes
cerillas
matches
biología
biology
tijeras
scissors
celo
tape
tiempo
time
hechos fortuitos
happenstance
sellos
stamps
pegatinas
stickers
grapadora
stapler

cucharas
spoons
peine
comb
alambre plastificado
twist tie
tinta
ink
pintura
paint
hierba
grass
detergente
detergent
grasa
grease
lágrimas
tears
lápices de colores
crayons
decisión
gumption
cosas afiladas
sharp things
cosas pegajosas
sticky things
comida
food

ESCRIBE TÚ MISMO LOS NÚMEROS DE PÁGINA.

EMPIEZA AQUÍ

DESTROZA EL LOMO.

PINTA ESTA PÁGINA EN

ROJO

A PROPÓSITO.

Vierte, derrama, gotea, escupe, lanza bebidas de diferentes colores aquí.

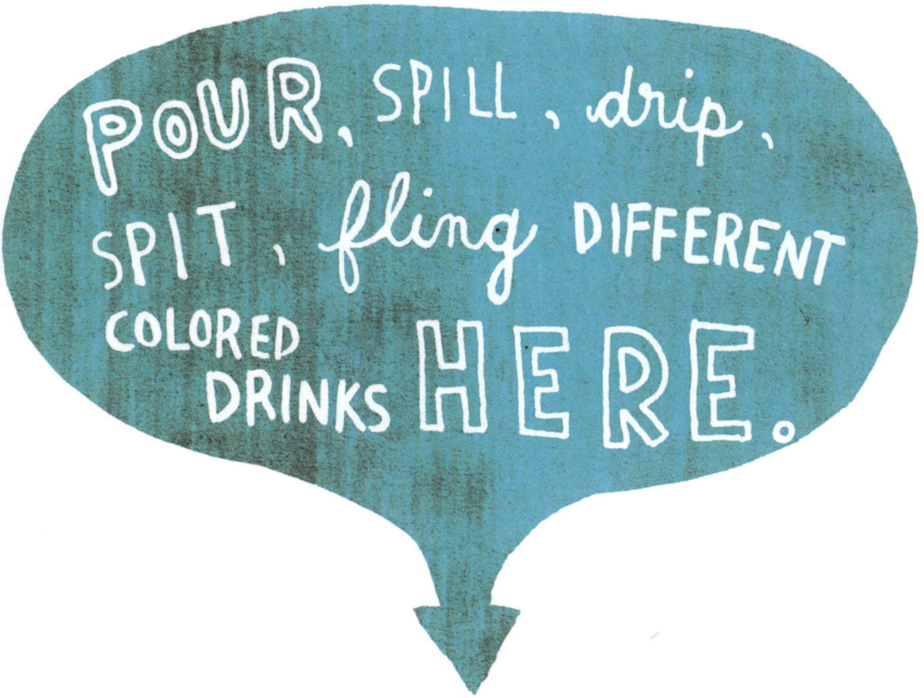
POUR, SPILL, drip, SPIT, fling DIFFERENT COLORED DRINKS HERE.

AGUJEREA ESTA
PÁGINA CON UN
LÁPIZ.

TRAZA LÍNEAS GRUESAS Y FINAS.

APRIETA MUCHO CON EL LÁPIZ.

Esta página es para que dejes la huella de tus manos o de tus dedos. Ensúciatelas y después presiona sobre el papel.

THIS PAGE IS FOR HANDPRINTS OR FINGERPRINTS.
GET THEM DIRTY, THEN PRESS DOWN.

COLOREA TODA ESTA PÁGINA.

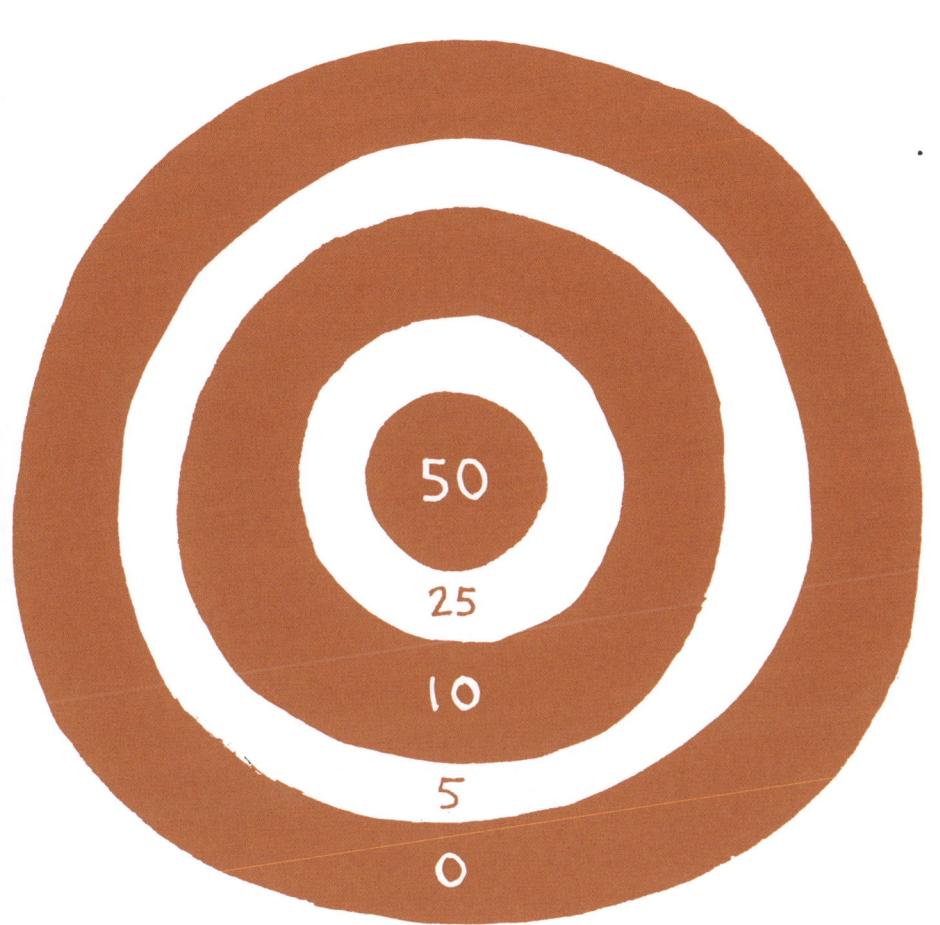

50

25

10

5

0

LANZA ALGO.

UN LÁPIZ, UNA PELOTA IMPREGNADA
DE PINTURA.

Prensa hojas de árboles y otras cosas que
encuentres entre estas páginas.

<u>PRESS LEAVES AND OTHER FOUND THINGS.</u>

FROTA VARIAS VECES
CON UN LÁPIZ.

Garabatea sin control, violentamente,
sin orden ni concierto.

SCRIBBLE WILDLY, VIOLENTLY, *with* RECKLESS ABANDON.

RASGA UNAS TIRAS DE COLORES.

(INTENTA "TEJERLAS" A CUADROS.)

Pega, grapa, o sujeta con celo estas dos páginas.

RELLENA ESTA PÁGINA CON CÍRCULOS
DE COLOR. (TANTOS COMO PUEDAS.)

Colorea con tu comida. Frota, embadurna, salpica con tu comida. Utiliza esta página como servilleta.

Document the colors of your dinner.

RUB, SMEAR, SPLATTER YOUR FOOD.

USE THIS PAGE AS A NAPKIN.

MUERDE *esto.*

↓

* CUIDADO: NO TE LO TRAGUES.

MEZCLA TANTOS
COLORES QUE
AL FINAL
PAREZCAN
BARRO.

ARRANCAR

ARRUGAR.

Haz un avión de papel.

MAKE A PAPER AIRPLANE.

así

ENVUELVE algo
CON ESTA PÁGINA.

PINTURA CON LA LENGUA

1. CÓMETE UN CARAMELO DE ALGÚN COLOR FUERTE.

2. LAME ESTA PÁGINA.

ESCRIBE ALGUNOS
PENSAMIENTOS.
TÁPALOS CON
EL COLOR
QUE PREFIERAS.

Ata una cuerda al lomo de este libro. Baláncéalo sin miramientos. Que llegue a golpear las paredes.

TIE A STRING

TO THE spine OF

THIS BOOK.

SWING

WILDLY.

LET IT HIT THE WALLS.

COGE EL DIARIO SIN UTILIZAR LAS MANOS.

SÚBETE
A ALGÚN
SITIO
ELEVADO.
DEJA CAER
EL DIARIO.

compost this page.

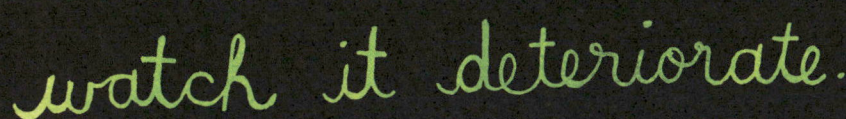

watch it deteriorate.

DO A really UGLY
(USE UGLY SUBJECT MATTER:
A BADLY DRAWN BIRD,

DRAWING

(GUM, POO, DEAD THINGS, MOLD, BARF, CRUD.)

Haz un dibujo muy muy feo (utiliza material
muy muy dibujado, moho, vómito, basura.)
feo: chicle, caca, cosas muertas, un pájaro

HAZ GARABATOS
EN LA PARTE
TRASERA DE ESTE
SOBRE IMAGINARIO
MIENTRAS HABLAS
POR TELÉFONO.

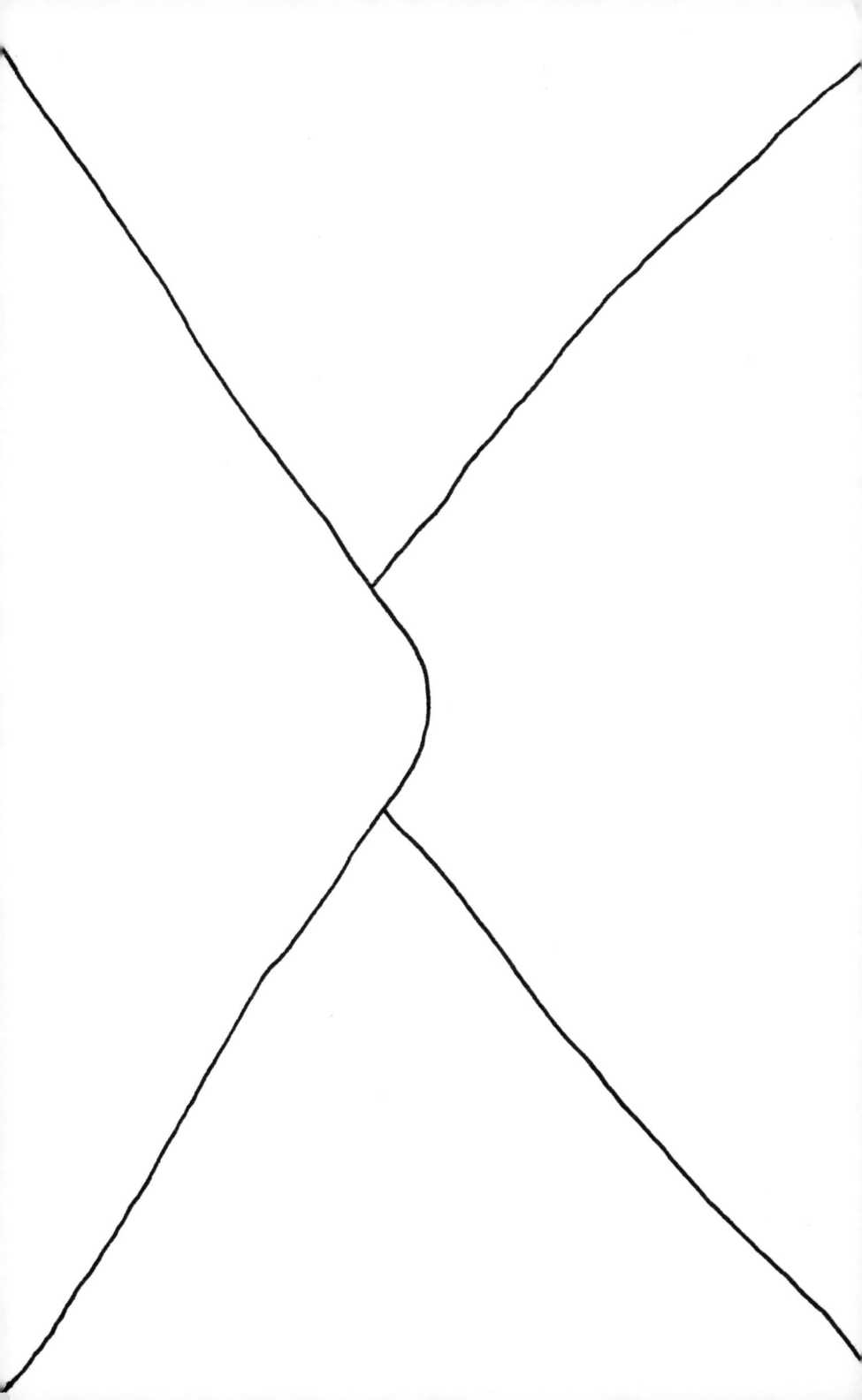

DIARIO DE GOLF

1. ARRANCA ESTA PÁGINA. CONVIÉRTELA EN UNA BOLA.

2. COLOCA EL DIARIO ABIERTO BOCA ABAJO.

3. GOLPEA / CHUTA LA PELOTA PARA QUE PASE POR DEBAJO DEL DIARIO.

haz una cadena de papel.

HAZ UNA
COLECCIÓN DE
PEGATINAS
DE LA FRUTA.*

*LAS PEGATINAS QUE LLEVA
LA FRUTA QUE COMPRAMOS.

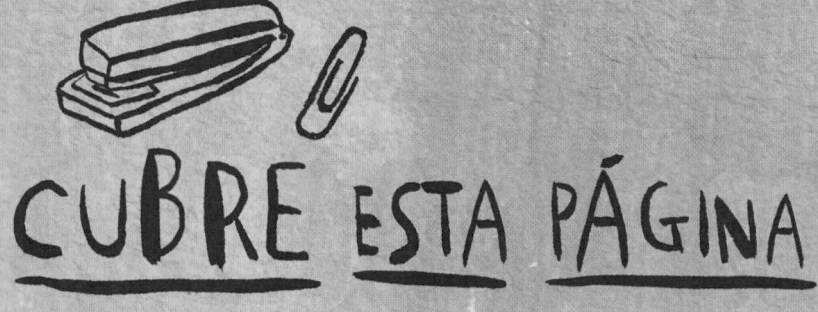

CUBRE ESTA PÁGINA

CON MATERIAL DE OFICINA.

Llévate este diario a la ducha.

BRING
THIS BOOK
IN THE
SHOWER
WITH YOU.

Frota esta página con suciedad.

RUB HERE WITH DIRT.

ESTA ES UNA

página de prueba

PARA TODOS LOS COLORES
QUE LLEGUEN A TUS MANOS.

Vierte algo aquí (tinta, pintura, té).
Cierra el libro para que quede estampado.

DRIP
SOMETHING
HERE.
(INK, PAINT, TEA)
CLOSE THE BOOK
TO MAKE A
PRINT.

Cose esta página (con hilo
o cuerda de algún color vivo).

Sew this page

(with colorful thread or string).

pega AQUÍ
UNA PÁGINA
AL AZAR DE
UN PERIÓDICO.

COLORÉALA.

ESPACIO PARA TUS LISTAS DE LA COMPRA.

RECORTA PAPELES EN TROZOS DIMINUTOS Y PÉGALOS AQUÍ.

DELINEA LAS COSAS
QUE LLEVAS EN EL BOLSO
(O EN LOS BOLSILLOS).
DEJA QUE LAS LÍNEAS SE SUPERPONGAN.

PON AQUÍ LOS
COLORES QUE
TE GUSTAN.

Garabatea con fuerza utilizando solo bolis prestados (anota de dónde los has sacado).

Scribble wildly using only borrowed pens.

(document where they were borrowed from.)

Corta tiras de papel, sumérgelas en pintura de diferentes colores y pégalas aquí.

cut strips,
dip them in colors,
glue them back in.

Página de buenos
pensamientos.

ESTAMPA ESTAS PÁGINAS CON LO QUE TENGAS A MANO. SUMERGE COSAS EN PINTURA, UTILIZA UN TAMPÓN.

PÍDELE A UN AMIGO QUE HAGA ALGO DESTRUCTIVO EN ESTA PÁGINA. NO MIRES.

DEJA QUE LOS COLORES SE EXTIENDAN.

PEGA AQUÍ
LO QUE QUIERAS.
(por ejemplo, cosas que
encuentres en el sofá, en la calle,
etc.)

arranca
esta
página.

GUÁRDATELA EN UN BOLSILLO.
METE LA PRENDA EN LA LAVADORA.
PÉGALA DE NUEVO CUANDO SE SEQUE.

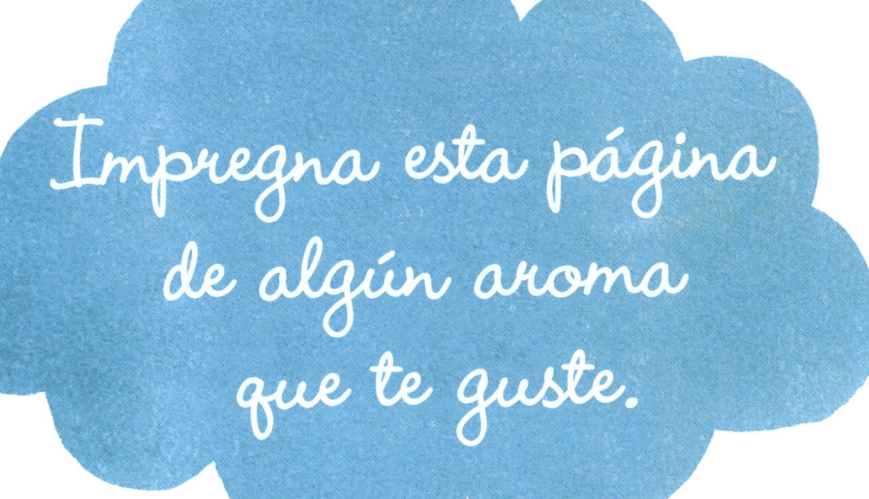

Impregna esta página
de algún aroma
que te guste.

Colorea saliéndote del círculo.

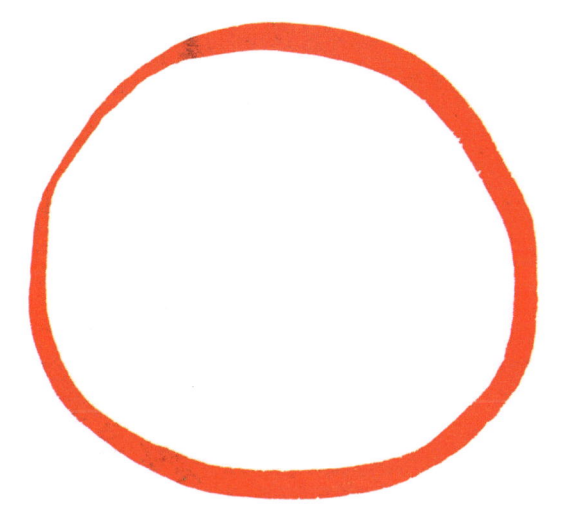

COLOR OUTSIDE
OF THE LINES.

CIERRA LOS OJOS.

INTENTA UNIR LOS
PUNTOS DE MEMORIA.

LÍMPIATE BIEN

PEGA AQUÍ LA
PELUSA QUE SAQUES
↙ ↓ ↓ ↘

LOS BOLSILLOS.

1 = AZUL
2 = ROJO
3 = NEGRO
4 = AMARILLO

LANZA UN DADO PARA
DECIDIR DE QUÉ COLOR
SERÁ ESTA PÁGINA.

SALPICA ESTA PÁGINA*

* COMO JACKSON POLLOCK

Haz una muestra de las diferentes sustancias que encuentres por casa. Anota qué es cada cosa. Agrúpalas por colores.

SAMPLE VARIOUS SUBSTANCES FOUND IN YOUR HOME.

DOCUMENT WHAT THEY ARE.
CREATE COLOR THEMES.

dibuja con TIJERAS.

RECORTA DE LAS PÁGINAS DEL FINAL DEL LIBRO Y PEGA AQUÍ LOS TROZOS DE COLORES.

HAZ UN DIBUJO CON UN PELO TUYO (O VARIOS).

¡RESISTENCIA!

DIBUJA CON UNA CERA
Y DESPUÉS PINTA ENCIMA.

DIBUJA LÍNEAS CON

SEAN PARA ESCRIBIR IMPREGNADOS

(PALOS, CUCHARAS, ALAMBRES

BOLSAS, PEINES, ETC) CADA VEZ QUE

UTENSILIOS QUE NO EN TINTA O PINTURA. PLASTIFICADOS PARA CERRAR

CAMBIES DE UTENSILIO, CAMBIA DE COLOR.

¡APORREA ESTA PÁGINA!

(DESPUÉS DE SUMERGIR EL SUMERGIR EL PUÑO EN ALGO.)

CREA UNA EXPLOSIÓN DE COLOR.*

1. RASGA PAPEL DE COLOR.
2. CUBRE LA PÁGINA CON PEGAMENTO.
3. DEJA CAER EL PAPEL SOBRE LA PÁGINA.

* COMO RAUSCHENBERG

BUSCA UNA MANERA DE DESGASTAR EL DIARIO.

esta página es un cartel.

¿Qué quieres que ponga?

DIBUJA UNA LÍNEA CONTINUA.

ESPACIO PARA COMENTARIOS NEGATIVOS.*

(*¿QUÉ DICE EL CRÍTICO QUE LLEVAS DENTRO?)

HAZ BORRONES
DE COLORES.
FRÓTALOS CON
LOS DEDOS.
AÑADE AGUA.

PÁGINA para PALABRAS DE CUATRO LETRAS.

RECORTA COLORES DE UNA REVISTA.* PÉGALOS AQUÍ.

*HAZLO SIN PENSAR DEMASIADO.

escribe sujetando el boli con la boca.

CORTA TIRAS DE PAPEL. TÉJELAS.

DOCUMENTA EL PASO DEL TIEMPO.

Haz lo que sea, ¡solo con colores que odias!

WORK ONLY WITH COLORS YOU HATE!

ESCONDE UN MENSAJE SECRETO EN CUALQUIER PARTE DE ESTE DIARIO.

DUERME CON EL DIARIO.

(Describe aquí la experiencia.)

CIERRA EL DIARIO.

ESCRIBE / GARABATEA ALGO EN LOS BORDES.

TABLERO DE MANCHAS

BUSCA LA MANERA DE [UN IR] ESTAS DOS PÁGINAS.

¡SALPICA!

(SÍ, ¡TÚ PUEDES!)

Haz una colección de bichos muertos aquí.

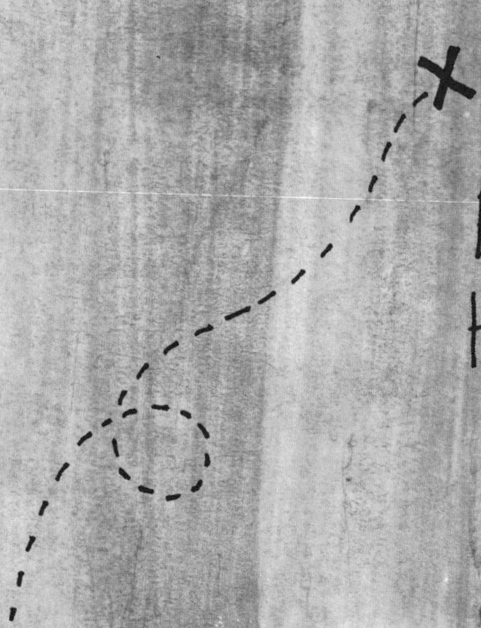

COLLECT
DEAD
BUGS
HERE.

PON A FLOTAR ESTA PÁGINA.

Busca la manera de congelar esta página.

ESCONDE ESTA PÁGINA
EN EL JARDÍN
DE TU VECINO.

Lanza el diario montaña abajo.

ROLL THE JOURNAL DOWN A LARGE HILL.

SLIDE THE JOURNAL (THIS PAGE FACE-DOWN), DOWN A LONG HALLWAY.

Espachurra algo colorido en esta página.

LANZA ALGÚN LÍQUIDO AQUÍ

(INTENTA HACERLO CON LA BOCA)

CUBRE ESTA PÁGINA CON CELO

(SIGUE ALGÚN TIPO DE PATRÓN).

1. DOBLA ESTA PÁGINA VARIAS VECES.

2. HAZ CORTES CON UNAS TIJERAS.

3. DESDÓBLALA.

AÑADE UN NUEVO COLOR A ESTA PÁGINA CADA DÍA DURANTE UN MES.

HAZ CORTES*

*COMO LUCIO FONTANA

COLOREA ESTAS FORMAS.*

*SI TE QUEDAN DEMASIADO BONITAS, POR FAVOR, DESTRÚYELAS.

REDACTA UNA LISTA CON MÁS IDEAS PARA DESTROZAR ESTE DIARIO UTILIZANDO EL COLOR COMO HERRAMIENTA. HAZLAS AHORA.

1.

2.

3.

4.

5.

6.

7.

8.

9.

10.

11.

LOS VERBOS DEL DESTROZADOR
THE WRECKER'S VERBS

destrozar
to crack

verter
to pour

derramar
to spill

gotear
to drip

escupir
to spit

lanzar/tirar
to fling

agujerear
to poke

apretar
to push

lanzar
to throw

impregnar
to dip

prensar
to press

frotar
to rub

garabatear
to scribble

pegar
to glue

grapar
to staple

sujetar
to tape

rellenar
to fill

embadurnar
to smear

salpicar
to splatter

morder
to chew

tragar
to swallow

mezclar
to mix

arrugar
to crumple

envolver
to wrap

lamer
to lick

tapar
to cover up

balancear
to swing
coger
to pick up
subir
to climb
dejar caer
to drop
compostar
to compost
deteriorar
to deteriorate
gabaratear/borrajear
to doodle
golpear
to hit
chutar
to kick
cubrir
to cover
estampar
to print
coser
to sew
recortar
to cut up
rasgar
to tear (out)

enganchar
to stick in
infusionar
to infuse
unir
to connect
tomar una muestra
to sample
crear
to create
dibujar
to draw
aporrear
to punch
desgastar
to wear
emborronar
to smudge
regalar
to give away
tejer
to weave
delinear
to trace
atar
to tie

odiar
to hate
cerrar
to close
superponer
to overlap
acumular / recopilar
to collect
buscar la manera
to figure out
congelar
to freeze
rodar
to roll down
convertir
to turn into

esconder
to hide
unir
to attach
flotar
to float
deslizar
to slide
espachurrar
to smush
lanzar (líquido)
to squirt
doblar
to fold
desdoblar
to unfold

I HAVE WRECKED ESTE DIARIO

¡ME ENCANTA DESTROZAR EN INGLÉS AND IN SPANISH!

AGRADECIMIENTOS

ESTE LIBRO SE CREÓ CON LA AYUDA DE LAS SIGUIENTES PERSONAS: MI MARIDO, JEFFERSON PITCHER, QUE ME PROPORCIONA UNA INSPIRACIÓN CONSTANTE PARA VIVIR UNA VIDA PLENA Y AUDAZ (ALGUNAS DE SUS IDEAS ESTÁN AQUÍ).

GRACIAS A LOS GRANDES ARTISTAS STEVE LAMBERT Y CYNTHIA YARDLEY. A MI EDITORA EN PENGUIN, MEG LEDER, QUE ACOGIÓ ESTE PROYECTO Y CREYÓ EN ÉL DESDE EL PRINCIPIO. TUS IDEAS Y TU SENSIBILIDAD HAN DESPERTADO EN MÍ UNA PROFUNDA GRATITUD. A MI AGENTE, FAITH HAMLIN, POR SEGUIR CREYENDO EN MI VISIÓN ARTÍSTICA.

A REBECCA LANDES POR COMPARTIR SU TALENTO ARTÍSTICO CONMIGO.

A CORITA KENT, JOHN CAGE, ROSS MENDES, BRUNO MUNARI, ITALO CALVINO, GEORGES PEREC, Y CHARLES Y RAE EAMES. DEDICADO A LOS PERFECCIONISTAS DE TODO EL MUNDO.

OTROS TÍTULOS DE KERI SMITH

www.elartistaerestu.com
#CrearEsDestruir
www.paidos.com